AF283783

AGONÍAS

ExLibric

MAIKA R. MONTALVO

AGONÍAS

EXLIBRIC
ANTEQUERA 2025

AGONÍAS
© Maika R. Montalvo
Diseño de portada: Dpto. de Diseño Gráfico Exlibric

Iª edición

© ExLibric, 2025.

Editado por: ExLibric
c/ Cueva de Viera, 2, Local 3
Centro Negocios CADI
29200 Antequera (Málaga)
Teléfono: 952 70 60 04
Fax: 952 84 55 03
Correo electrónico: exlibric@exlibric.com
Internet: www.exlibric.com

ISBN: 979-13-87528-96-6
Depósito Legal: MA 222-2025

Impresión: PODiPrint
Impreso en Andalucía – España

Nota de la editorial: ExLibric pertenece a Innovación y Cualificación S. L.

MAIKA R. MONTALVO

AGONÍAS

Para mi hijo Sergio.
Por ti quise volar, quise ser mejor,
superarme y superarlos.

Prólogo

Hoy me he levantado con la feliz noticia de la publicación de un nuevo libro. ¡Y no un libro cualquiera! Es la obra de una de las poetisas más sensibles y profundas del panorama poético actual.

La conozco desde hace casi veinte años, cuando en la universidad ambos coincidimos en la licenciatura de Filología Hispánica, e inmediatamente me cautivó su profundidad de pensamiento y su enorme sensibilidad poética; en todo este tiempo he sido siempre un ávido lector de cuanta poesía y prosa de Maika caía en mis manos. Autora prolífica, escribe desde su infancia y su paso por la universidad sirvió para conseguir un sólido asentamiento y la depuración de una técnica que, por otra parte, en ella es innata. Reconozco haber pasado horas leyendo sus poemas no ya de su primera juventud, sino incluso de su niñez, sorprendiéndome con una madurez impropia de esa edad, no sólo en el estilo, sino incluso en sus análisis temáticos y conceptuales. Y es que se diría que Maika aprendió, de manera milagrosa, a escribir antes que a hablar y de su precocidad compositiva podrían hablar sus maestros primeros, siempre admirados ante poemas de tan rara belleza para una niña, así como podrían dar fe las numerosas poesías, que afortunadamente ha conservado, escritas en todo tipo de soportes: servilletas de bar, libros propios y ajenos, libretas infantiles...

Por otro lado, debe indicarse que esta precocidad compositiva no es el resultado de una casualidad, sino de un ambiente familiar donde el arte no es en absoluto un desconocido, pues desde el primer momento se nutrió del que su madre, Carmen, plasmaba en sus cuadros, en los cuales las formas y la luz se combinan para crear paisajes infinitos y desnudos que sólo pueden ser vestidos por la claridad y la belleza.

En la poesía de Maika no es difícil detectar la influencia que en ella han ejercido tanto el entorno natal granadino, tan prolífico en grandes artistas, como las lecturas de sus autores favoritos, entre los que cabría destacar al cordobés Góngora, a su paisano García Lorca o al gran poeta de la Generación del 50, el asturiano Ángel González, entre otros muchos. De estos gigantes de las letras españolas bebió su hondura lírica y su autenticidad a la hora de plasmar en el papel, más allá de unas técnicas o composiciones concretas (que, por otro lado, Maika domina a la perfección), su desgarro emocional, su amargo desconsuelo ante un mundo que le resulta hostil, tanto a ella como a su sensibilidad más íntima. La decepción que un artista siente en un entorno que le aborrece o, lo que es peor, que ignora la belleza de un alma que al escribir despoja de amparos sus miedos, sus anhelos y hasta su propia naturaleza, únicamente puede materializarse en el autor de dos formas concretas: la creación de un mundo ideal, de una utopía que sólo existe en la propia mente y en la de aquellos que se aventuran, mediante la lectura, en ese espacio preciso aunque abstracto; o en un grito desesperado que pretende, sin jamás conseguirlo, exorcizar los monstruos que, parafraseando a Goya, sólo el sueño de la razón ha producido. Este último doloroso camino es el que la autora emprendió al empezar a escribir y el que hermosa y generosamente nos ofrece en este libro. Su título, *Agonías,* es toda una declaración de intenciones.

Y en esta poesía de perfiles tan bellos como duros detectamos dos características que le son propias: su carácter íntimo y personal, junto con la descripción desde el propio dolor del mundo que le rodea, sin llegar a entrar jamás en el ámbito de la poesía social ni del costumbrismo, ni aun del más pesimista. Describe con imágenes sueltas, muchas veces inconexas, pero que al unirlas conforman un caleidoscopio que nos remite a su propia realidad. Su voz desgarrada toma con frecuencia matices de desesperanza, sin que ofrezca casi nunca una salida de ese laberinto de abatimiento y tristeza que proporcione al lector un descanso al sufrimiento que inexorablemente habrá hecho suyo.

A veces esa tristeza puede convertirse en una coraza tras la que adivinamos en numerosos pasajes su deseo de venganza de ese mundo que le es tan ajeno como adverso, tan enemigo como dolorosamente agresivo. Su alma, como esos pétalos de amapola que se desprenden cuando rozamos la flor, se rompe en mil pedazos apenas queremos adentrarnos en ella, por ese principio de incertidumbre de Heisenberg que convierte en imposible cualquier acercamiento que nos permitiría conocer la estructura real de la materia, en este caso de su propio yo. Pero es todo una mascarada que no logra engañar al lector: Maika, convertida en soldado que se apresta a la lucha, no puede ocultar su verdadera naturaleza delicada, de una sensibilidad en carne viva cuya herida no logra jamás curar. El lector de su poesía asiste a su deseo de desprenderse del dolor por medio de la lucha, pero enseguida comprende que es un intento vano que no consigue convencerle ni a él ni, sobre todo, a la propia autora de la posibilidad de conseguirlo. Con ello, la frustración se transforma en nuevo dolor, cuya única salida será volver a escribir, en una rueda infinita que, como los molinos de oración que giran eternamente para convertir al aspirante en un Bodhitsava, convierten el dolor de Maika en nueva escritura y la escritura en un nuevo dolor que se sumará a los ya sufridos, a los ya vividos, para transformarla en este caso en esa escritora capaz de conseguir una inusitada belleza al adentrarse en las simas más negras de su alma.

Su lenguaje es muy moderno, con pocas concesiones al lirismo, ni siquiera al menos artificioso. Usa palabras que todos escuchamos en el día a día, sin pretender edulcorar su poesía con vocablos de pretendido cultismo ni con arcaísmos que le quitarían naturalidad y autenticidad a una obra que, despojada de todo el adorno que le es ajeno, tiene en la verdad su más grande valor. Y cuando hablamos de «arcaísmos» debemos recordar que, en esta sociedad hipertecnológica, lo antiguo no remite a algo que hace siglos se usaba; los tiempos se han acelerado y lo antiguo es, sencillamente, lo que usó la generación anterior: veinte años pueden ser toda una vida o, por el contrario, podemos decir «que veinte años no es nada», como el bello y viejo tango de Gardel. Sí, su escritura poco se diferencia de su palabra, al modo del gran Juan de Valdés, que en su *Diálogo de la lengua* nos informa: «Escribo como hablo; solamente tengo cuidado de usar vocablos que signifiquen bien lo que quiero decir».

Y finalizando ya este pequeño prólogo que no logra desentrañar toda la profunda verdad y la belleza de la poesía/alma de la autora, sólo me queda por indicar lo que posiblemente sea lo más importante de este libro que tú, querido lector, tienes entre las manos, y que yo he tenido el honor de prologar: en cada línea encontrarás y descubrirás, sobre todo, VERDAD; un despliegue ético que impide que Maika se aleje ni por un instante de la realidad que está sintiendo, viviendo, en ese momento. Y es que, por encima de ser una mujer poeta, Maika es poesía encarnada en ella misma.

Juan Carlos Belmonte
Licenciado en Filología Hispánica,
graduado en Geografía e Historia
y, por encima de todo,
admirador y amigo de la autora

Albacete, 11 de febrero de 2025

Sentada

Sentada en una quimera tiemblo.

Miro el tiempo, su desolador paso, sus vestigios en mi piel, mi suerte.

La inmundicia que despide este abismo me ciega. Vomitando palabras de cólera, escucho al viento.

Intento ser, poder ser, quiero ser, ser alguien, algo que deje mella en tu mejilla. Que al rozar mi piel tu piel, resquebraje tu alma de cristal, se rompa como guijarros y caiga, hundida violentamente a mis pies.

Quiero verte arrodillado, quiero ser tu cruz, quiero mi venganza.

En la impotencia de fracasar me retengo, a un paso de tu casa, oliendo aún tu huella en el aire. Ese olor insoportable que de furia me llena.

RES

¡Qué rechinar de dientes me acompaña!
sabandija que me agarra el pescuezo,
me está arrancando las ganas de vivir.
Mi voz, perdida en mar infinito,
tan pálida languidece.

Aferrada a recuerdos tan felices,
pero pasados, lejanos…

Me desangro en tu amor tacaño, muerto.
De locura, celos, envenenado,
despiadado huracán que desfallecer
me hace, arrinconada, muero.

Y por pasión elegí vivir, mas
sin pasión, pudriéndome estoy,
en sepulcro amarmolado de negro.

FÉNIX

Alma, ¡cuánto pesas!,
me desgarras.
¿Quién soy? ¿Qué quiero?
Me muero por dentro.
Muero y no muero y morir.
Huir quisiera.
Solo dolor.
Dolor sin lágrimas.
Perdí las agallas.
Mi sueño está negro.
¡ILUSA!
Quiero ser fénix.
De cenizas me visto.

*(Mi alma se ha muerto,
y yo vivo en un cuerpo sin ella.
Se perdió, ¿alguien la ve?)*

LUNERA

Mataron el pájaro.
Arrancaron su canto.
—¿Quién fue?—
—Verdad lo mató.—
—Mamá, plumas y roja sangre.
Habrá muerto de tanta hambre. —
—Calla, aún parece que hable.
Abrázate.—
—Tengo miedo, mañana.
Viene tan colorada,
parece maltratada.—
—Calla.—
—Mamá, viene el sol.
Me ciega y me arde.—
—No hables.—
—Mi cuerpecito quema.—
—Haz que muera.—
—Ya soy yo, sol maldito,
de luna ya me visto.—

CANTEROS

¿Qué miras?
¿Qué sueñas?
¿Qué añoras con tanta pasión?
Pasión que hiere los ojos de la luna,
pasión apasionada, desenfrenada
y arrogante.
¿Qué admiras?
¿Lloras?
Cantando a la locura,
huyendo del raciocinio,
busco los miles de pedazos de recuerdos
escondidos en abismo de tu alma.
Y mientras, grita de dolor el olvido,
porque jamás olvido eso vivido,
porque eso vivido es recordado
con cada latido,
latido, cual late latiendo infinito,
muere de pena sin sentido.
Escucho,
encuentro voces, roces, besos,
cariño, infancia, mi infancia,
se perdió. Sin embargo,
siempre la encontraré pensando en ti,
pensando en vosotros.

SIENTO

Candor de universo, respira
esto que siento;
rubor clandestino, sexo,
labios entreverados de odio
rozan mis misterios.
Caricias envueltas en lágrimas
desprendo.
Libertad, ¡¿dónde estás?!
Esta agonía de aquí dentro
me está matando.
Llorar de locura, no quiero.
Sueño y, cuando sueño,
sufro,
caen como cristales rotos,
y no puedo aferrarme a ellos,
sentada en este abismo, desciendo.
Y no puedo agarrar con mis manos
esta ansiada felicidad
y caigo,
sin poder gritar,
gritar, silencio.

Huyendo

Cierro, y arden.
Saboreas mi infinito,
¡Tanto lo deseas!
Se engrandece, estalla.
Mis dos galaxias ansías,
y el no como puñal te desgarra,
Lo pides, lo aúllas,
como lobo enfurecido de ojos de cristal.
Pienso: «¿Podrá la lujuria matar?».

PADRE

Graznidos embotellados, infinitos,
desesperados, ecos de furia, un...
pobre, pobre corazón está roto, un
pájaro moribundo, sus últimos.

De aleteos, desgarrados estaba un
cielo lleno, una muerte de sentidos
se agolpa, minúscula, más alaridos
estallan en mis oídos, su, mi pena, un...

¿Por qué miraría? Me llamó, ¡qué amarte!
rugían lágrimas de silencio, iluso,
lleno de plumas, de esperanza, perderte

en el infinito, más de este impulso,
te creí, acogí en mi regazo tu muerte,
vivirá, pensé, ¿quién más es iluso?

AZUL

Azul,
profundo azul,
azul profundo.
Luego… transparente,
penetra en mí sacando
toda mi furia.
Azul, profundo azul,
me sumerjo en ti,
bebo lágrimas saladas,
quiero ahogarme;
sin embargo, floto.
Azul,
azul profundo azul,
perderme en tu inmensidad
azul.

Y AHORA, ¿QUÉ?

—Mamá, ¿dónde estás?—

—Aquí subida, ¿no me ves? En aquella nube.—

—Mamá, ¡ayúdame!—

—Espérame, ahora bajo.—

—Mamá, me devoran los pies. ¿Dónde estás?—

—Es que es muy bonita.—

—Me ahogan las serpientes. Los cuervos me sacan los ojos.—

—Ay, hija, tienes muy mal carácter. Mira qué arcoíris de mil colores.—

—¿Quién mecía mi cuna?—

—El viento.—

—¿Quién cantaba mi soledad?—

—El silencio.—

—¿Quién me salvará del grito?—

—Nadie. Tú sola, yo no puedo.—

Ya soy mayor.

—Hija, qué pronto has crecido. No me he dado cuenta…—

—¡Qué mala has sido conmigo!—

—Hija, ¿por qué no me quieres?

Hija, necesito a los caballos.—

—Déjame. Los caballos te pisarán y violarán. No sabes montarlos.—

—¿Cómo has aprendido tú?—

—Con puños de acero y grandes voces. Ya sabes, tengo mal carácter.—

—Hija, ¿dónde estás? Me devoran los pies.—

—Mira, allá en el cielo.—

HOY

Susurros de olvido enarbolados
en almizcles de vientos.
Llanto de campanas otean desde lejos.
Hoy es,
hoy es el día de mi nacimiento.
Se acabaron las lágrimas, ya, y el desconsuelo.
Ya digo «adiós y hasta siempre».
Fuera de mí, pájaros negros.
¡Fuera de mí!, pájaros tan negros.
Con férreo puño y lágrimas de sangre,
te apuñalaré y apartaré, olvidaré.
El horizonte miraré con esperanza.
Con látigos de rojo sol asiré las nubes,
y el cielo despejado será mi baluarte.

Digo adiós, con puño ajado, alma maltrecha
y la furia, ¡la furia de una vida sin aliento!

ARENA

Arena caliente y húmeda.
Arena roja.
Arena cobarde.
Soy arena de cristales.
Espejismo de deseo,
muerte del sediento.
Arena que el viento esparce
del desierto, del tiempo, de este instante.

PINTAR

Suspiros de miradas extraviadas,
cadenas apresuradas sin razón,
siento puñaladas mutiladas,
siento que perece este mi corazón,
en mi alma lágrimas apuntaladas,
encerrarme en brillante armazón,
huir de ti, de los dos, exangüe siento,
¡tanto quiero pintar de menta el viento!

NO SOY MUJER

¡No!
Sino un puñado de ceras
Hirvientes.
No soy mujer,
ni débil,
ni suplicante,
¡No!
Soy aliento que brama
en un abismo de cólera.

CUERPO

Suspiras. ¿Qué suspiras? Mientras, revientan en mil trazos las emociones contenidas en este armazón de plástico.

Efímeras son tus palabras arrojadas al vaivén del viento. Masticados acertijos que diluyen esta pasión que llevo dentro.

¿Quién eres tú? ¿Quién soy yo? ¿Quiénes somos?

Yo soy nada y silencio, soy arena negra. Palpitar del tiempo.

Mientras, tú eterno y gallardo; pusilánime de dramáticas y despiadadas ilusiones.

Tú, cuerpo, inútil elemento de mentiras, escudado en bellezas mezquinas. Esencia de animal que busca la reproducción a costa de mi muerte.

Escudo de pasiones fingidas, y retazos de una vida que nunca tendrás.

Anhelos destrozados al caminar.
Vivir sola y eterna.
Etérea e invisible.
Inmortal.
Sin embargo, ¡moriré cuando mueras!

Amasijo de músculos, piel y sangre podrida. Cárcel
de hiel. Lamento y sufrimiento.
Al menos, déjame morir en el mar, profundo mar.

ALGO QUIERO

Armonía de miradas cristalinas,
desnudas; sudor y melancolía,
ansías, blancas, negras, tan prístinas.

Labios cerrados, pasión, sentimiento,
sombras en él, aire, ecos de hïelo
otean en el cielo por un momento.

Negro diamante, piel, de terciopelo.
Y es deseo, arrojo que llevo dentro,
agonía infame, muerte, me desvelo.

GRITA

¡Grita!
Mujer, no calles.
¡Grita!
Y no te calmes…
¡Grita! ¡Grita! ¡Grita!
No te tapes.
Me hundo en silencio oscuro,
ensangrentado, amartillado,
rotundo…

ALBA

Llamaradas en el viento,
expresión, impresión,
palabras arrebatadas,
huracán,
vicio o sin compromiso,
dolor, lágrimas,
y mientras,
se quiebra el habla,
un jadeo arrítmico,
redondo, demasiado sonoro.
Quizás,
pinta el horizonte
al alba,
siempre al alba.

PINTAR

¿Qué hacer cuando callan los quejidos del viento,
cuando se desgranan en lamentos temblorosos,
ocres lamentos del silencio?
Murmullos descuidados, lanzados a abismos
de redondeces escondidas.
¿Qué hacer cuando la palabra es insuficiente?
Mientras en sus mejillas de desojan cristalinas
luciérnagas relampagueantes,
en suspiros se deshacen los sueños.
¿Qué hacer cuando has perdido todo
y no quedan nada más que despojos
de realidades apenas atisbadas,
aparentes, acaso, verdaderas…?
Sentada en adoquines de sufrimiento,
tiemblo, no de miedo.
Tiemblo porque no puedo sostener ya
esta ira que me revienta por dentro.

Naranja

Y es requiebro y esbozo
tono sin tono entonado,
ecos de lúgubre sufrimiento
acordado…

Y es anhelo,
cielo con yemas apenas atisbado,
labios mordidos,
pasión y silencio.

Es vida sin voz
y grito en lenta pena
ahogado.

Rugido de reloj que lentamente desgrana
la aterciopelada mañana
con este sol tan naranja,
y tan sonrojado.

TARDE DE OTOÑO

La hojarasca atardece
y, mintiendo, infeliz,
la noche florece.

Con su mano mece
en arrullos de viento
la canción de lo que acontece,
que siempre es sino sufrimiento.
Del rellano arrancar quisiera
esta amarga letanía
que tibiamente embadurna
estos cristalinos ojos de presente.

LLORAR

Ataviadas con cadenas presurosas,
se abanican de penas las tenues,
las amarillentas, las resbaladizas
horas funestas de esta terrible
mañana, terrible.
Y morir, y matar, y acallar con fiereza
este murmullo de tiempo,
¡que es lamento!
No quiero morirme mientras,
mientras me miras callado
con ojos vidriosos junto a la cama.
¡No quiero morir siendo mediocre!

Sin saber quién es Dios, sin saber
que aún me amas y que el silencio
es la pasión que calla,
que ahogas en tus adentros.
¡No quiero morir y tanto quiero!
Morir y acabar, terminar,
explotar en abismo.
Quiero, quizás,
tan solo por un momento,
poder llorar y no sentirme débil,

desahogarme, arrojar de mí
esta furia que llevo por dentro.
¡Pero no puedo!
¿Por qué no puedo?

Melancolía

En el ambiente se dislate
la melancolía; en este instante,
galopa a lomos de mañana
fría, pintarrajea las aceras,
se retuerce entre ocres otoñales.

Se dislate, melancolía callada.
Mientras, por el cielo,
se pasea un sol negro.

PÁGINAS

Las cansadas páginas
del libro de vida
yacen amarillentas y meadas por la polilla.
A través de los agujeros
se asoman retazos de mentiras.
Y es la ilusión una constante pérdida.
Las páginas se agitan
llenas de vergüenza,
al mirarse en el ayer y ver,
ver solo reflejos del miserable hoy.

DESTINO

Un rumor lejano y cobrizo,
sobrecogedor,
escurridizo,
algo que resquebraja el aliento
y te despierta del cuento.
Enfermizo.
Retumbante y cristalino.
Es aliento fugaz de destino,
Es mirada tímida, sulfurosos
suspiros.
Sigilos y terror.
Es amor, es olvido.

ESPERA

Nunca la encontré.
Fue sal en manos de agua,
arena en pedregal.
Ay, esperanza, ¿dónde estás?
Corazón yermo,
un caparazón férreo
y sangre negra,
negra,
negra y amarga,
solo tengo.

Espera, esperanza,
que aferrarte quiero
con puños de acero.

LADRONES

La luna,
la rota y roja luna,
yo la robé,
la robé del cielo;
lo sesgué con uñas de arena
y la escondí aquí,
aquí lejos del viento,
que no quiero que la toquen
los locos,
los locos del tiempo.

DE IRAS

En abismo de cólera atrancadas
sois, vosotras, mis palabras, rojas,
férreas, en jaula de cristal violadas,
sesgadas alas, machacadas, ¡rojas!

Usted, sabe usted, padre, me vendió,
me arrojó a las fauces de mentiras,
y Justicia, en sus brazos, me acogió.
Ahora, antes de aurora, serán mis iras.

Nada soy, silencio, me mece el viento.
Nada tengo, sin anhelos, transparente,
sin nadie, sin pasión, sin consuelo,

y esta nada, llena de odio abundante,
te apagará con puños de sufrimiento
y morirás, ahora, en un instante…

¿QUÉ PENSARÁ?

Arrancadme los ojos
con agujas afiladas.
¡Ved con claridad!
¡Pueblo!
Los niños,
mis hijos,
¡los están matando!
¿Por qué?
Dádmelos, suplico.
Los cubriré con mi pelo
y los acunaré en mi regazo.

LEYENDO

Hasta el alma me sale por la boca…

Quiero arrancarme las entrañas, ¡ira!,

y los ojos como Edipo. Te mira

la verdad, enmudezco, estaré loca…

ESTALLIDO VERDE

Verde hielo,
esperanza que exhalase
en dulce requiebro.
Pasión,
libertad en estallidos,
suspiros,
locura y tiempo,
tiempo que pido,
ojalá, eterno.

MAR ROJO

De rojo el mar y las olas se tiñen.
De tenue amargura las calles visten.
Sin pasión, galopa mi alma, centella.

¿Dónde están escondidas las estrellas
de aquella noche, lejana, tan bella,
cuando tus ojos eran de luceros
y los besos tan infinitos, tan eternos…?

Se perdieron… con los trinos del viento.
Se ahogaron… entre abismos de tiempo.
Eran rojos y, ahora, parecen muertos.

Con rojo pinto el dolor que siento,
decorado con retazos de anhelos,
y en la soledad, cansada, tirito,
aullando a la luna tan llena de olvido.

CALLEJUELAS

Los balcones van llorando.
La fuente ya no corre.
El pájaro ahoga su canto.

Las calles están desiertas.
El silencio está gritando:
¡se apagó la luna llena!

Ya, señores, no hay aurora,
ni sol ni luciérnagas,
so pena que canta y llora.

Que el fuego es gélido.
Se apagó y está tan rota,
y el mar es rojizo infierno.

AMOR

Volátiles sentimientos,
fugaces y enfermizos.
Un día son amor, pasión;
otro, lujuria, desenfreno.
Y, al final, todos, en negro odio,
mueren.

Dio su vida y, a cambio,
una cuchilla, una casa vacía
y un barril de llanto.

El lagar, lleno de insultos,
rebosó y manchó a los vecinos.
Cariño, para ti, la luna.

Después, de olvido se vistió.
¡Oh, amor fugaz y atrevido!
El amor no es del hombre,
solo el llanto enfermizo.

MI ALMA

Azul inmisericorde.
Plenitud sonora al instante.
Estallidos de rojo olvido.
Las carcajadas del destino enloquecen mis sentidos.
Sonríes en tu barca de pesadumbres
hacia un lugar incierto,
movido por funesta ambición.
¡Dejadme, señor!, no me arrastres.
Quiero vivir etérea,
asida a la libertad del que nada pierde,
porque nada tiene,
esperando tu muerte, mi liberación.
¡Oh, pescador! ¡Oh, nómada!,
aléjate de mi tumba llena de océanos y espumas,
llena de lágrimas y sangre.
Aquí, enroscada en sueños y madres.
Suéltame, ¿no entiendes?
¡Quiero vivir azul para siempre!

Índice